Made in the USA
Monee, IL
17 February 2023

28108249R00083